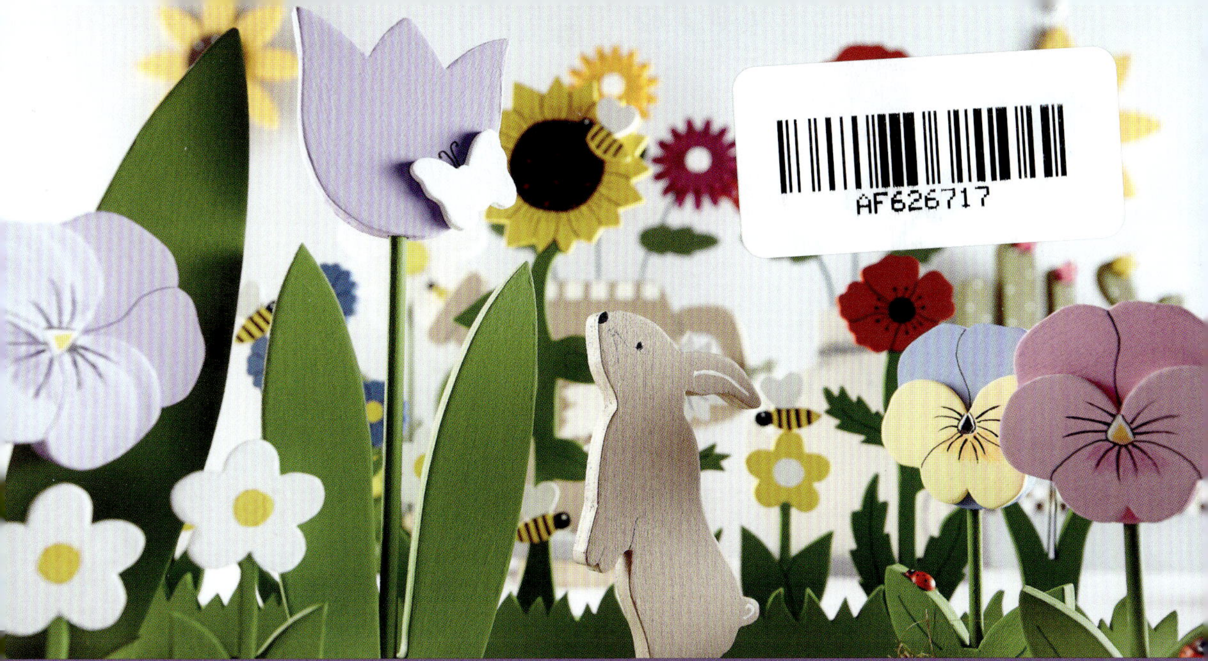

„Wo Blumen blühen, lächelt die Welt“.
Dieses Zitat von Ralph Waldo Emerson inspirierte mich zu zahlreichen, kreativen Motiven in diesem Buch. Ob Frühjahr, Sommer, Herbst oder Winter – florale Holzdeko verschönert zu jeder Jahreszeit das Zuhause.

Läuten Sie mit dem romantischen Schneeglöckchen-Windlicht den Frühling ein oder freuen Sie sich auf den Sommer, wenn die Blumenwiese erblüht und die Bienen summen. Nutzen Sie den Herbst, sammeln Sie im Wald einen Ast und schmücken ihn mit Lampionblumen und Blättern. Zur Weihnachtszeit wird die Wohnung mit einer edlen Girlande aus Weihnachtssternen glänzen. Auch an hübsche Kleinigkeiten wie die verschiedenfarbigen Stiefmütterchen ist gedacht - übrigens ideal zum Verschenken an Familie und Freunde. Das exotische Monstera-Blatt oder die raffinierte Kakteenschale begleiten Sie durch das ganze Jahr.

Sie brauchen nur etwas Sperr- und Leimholz, eine Säge, Farbe und etwas kreatives Geschick und schon kann es losgehen.

Ich wünsche Ihnen nun viel Spaß beim Basteln der Motive und dem Verschönern Ihres Heimes!

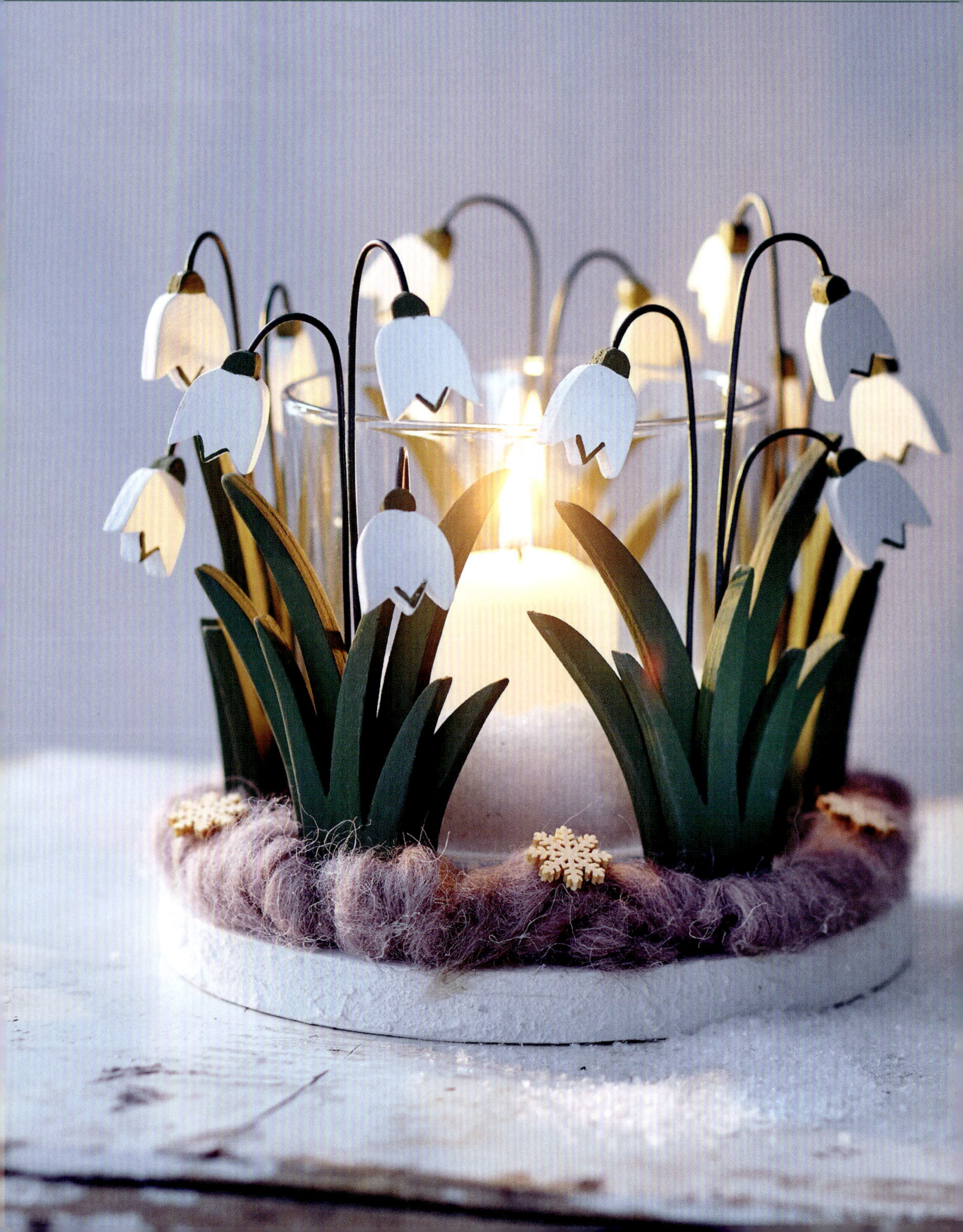

Windlicht mit Schneeglöckchen

Die ersten Blumen erwachen

MOTIVHÖHE
ca. 12 cm

MATERIAL
- Sperrholz, 0,6 cm stark, ca. 20 cm x 75 cm
- Leimholz, 1,8 cm stark, ca. 20 cm x 20 cm
- Acrylfarbe in Weiß und Tannengrün
- Spanndraht in Grün, kunststoffummantelt, ø 2 mm, ca. 2,5 m lang
- Strukturpaste in Weiß, feine Körnung
- Filzschnur in Natur, ø 1 cm – 1,5 cm
- 5 Streuteile Schneeflocke
- Windlicht, ø 11 cm, 12 cm hoch
- Bohrer, ø 2 mm und ø 3,5 mm
- 10 Holzschrauben Senkkopf, ø 3mm, 25 mm lang
- Heißkleber
- Seitenschneider
- Zange

VORLAGE
Bogen 1A

1 Die Vorlage für die Schneeglöckchen insgesamt fünfmal (also 15 Blüten und je fünf der beiden Blätter) auf das Sperrholz übertragen und aussägen. Der Sockel wird hingegen aus Leimholz gefertigt.

2 Alle Teile wie auf dem Foto zu sehen bemalen. Nach dem Trocknen am Rand des Sockels die Strukturpaste auftragen.

3 Nun die jeweiligen Bohrungen laut Vorlage durchführen.

4 Den Draht für die Blütenstiele der Schneeglöckchen fünfmal auf 19 cm und zehnmal 16 cm kürzen und in Form biegen. Im Anschluss den Draht in alle Blüten stecken und mit Leim fixieren.

5 Nun die kleineren Blätter mit den größeren verleimen. In die Bohrung der großen Blätter jeweils einen 16 cm langen Blütenstiel leimen. Anschließend die restlichen Blütenstiele nach Vorlage in der Bodenplatte fixieren.

6 Anschließend die fertigen Schneeglöckchen von unten auf der Sockelplatte verschrauben. Die Filzschnur aufzwirbeln, um den Sockel legen und mit Heißklebepunkten fixieren. Zum Schluss die Streuteile aufkleben und das Windlicht in der Mitte platzieren.

Mein Tipp für Sie

Sparen Sie Zeit: Schrauben Sie die Sperrholzplatten vor dem Sägen zusammen und sägen Sie die einzelnen Motive so in nur einem Vorgang aus.

Traubenhyazinthen

Zarte Frühlingsboten

MOTIVHÖHE
ca. 24 cm

MATERIAL

- Leimholz, 1,8 cm stark, ca. 15 cm x 20 cm
- Sperrholz, 4 mm stark, ca. 20 cm x 30 cm
- Sperrholz, 6 mm stark, ca. 20 cm x 30 cm
- 3 Schaschlikspieße
- Acrylfarbe in Elfenbein, Grün, Marineblau und Weiß
- Pigmentmarker in Schwarz, ø 0,5 mm
- Pigmentmarker in Weiß, ø 0,7 mm
- Doppelklebeband, 0,5 cm breit
- Holzbohrer, ø 1,5 mm und ø 3 mm
- Stahldraht, ø 1,8 mm, ca. 9 cm lang
- Dekoband, 1 cm breit, 80 cm lang
- Dekoblüte in Weiß
- Zange
- Seitenschneider

VORLAGE
Bogen 1A

1 Die Grundform auf das Leimholz und die Hyazinthen auf das 6 mm starke Sperrholz übertragen und aussägen. Die beiden Aufsätze für die Eierschalen-Vase aus dünnem Sperrholz passgenau aussägen.

2 Eine Mischung aus den Farben Marineblau und Weiß herstellen und die ausgesägten Blüten bemalen. Die ausgesägten Blätter und die Schaschlikspieße in Grün bemalen, die Vase in Elfenbein. Die Blüten nach dem Trocknen mit den Pigmentmalern gestalten.

3 Die Schaschlikspieße in drei Teilstücke à 6 cm (linke Blüte), 8,5 cm (Blüte in der Mitte) und 5,5 cm (Blüte rechts) kürzen.

4 Nun die Bohrungen nach Vorlage ausführen. Für die Hyazinthen die Blüten und Blätter auf die Stäbchen stecken und verleimen. Zur Befestigung den Draht in sechs Stücke à 1,5 cm zuschneiden und an der Bodenseite der Hyazinthen mit der Zange jeweils ein Stück einstecken. Nun werden diese in die Bohrungen des Leimholzstückes gesteckt und mit Leim fixiert.

5 Die beiden Aufsätze auf der Vorder- und Rückseite ankleben. Zum Positionieren nehmen Sie die Vorlage zu Hilfe.

6 Schließlich das Doppelklebeband auf der Eierschale anbringen, abziehen und das Dekoband aufkleben. Abschließend eine Schleife binden und mit einer Dekoblüte verzieren.

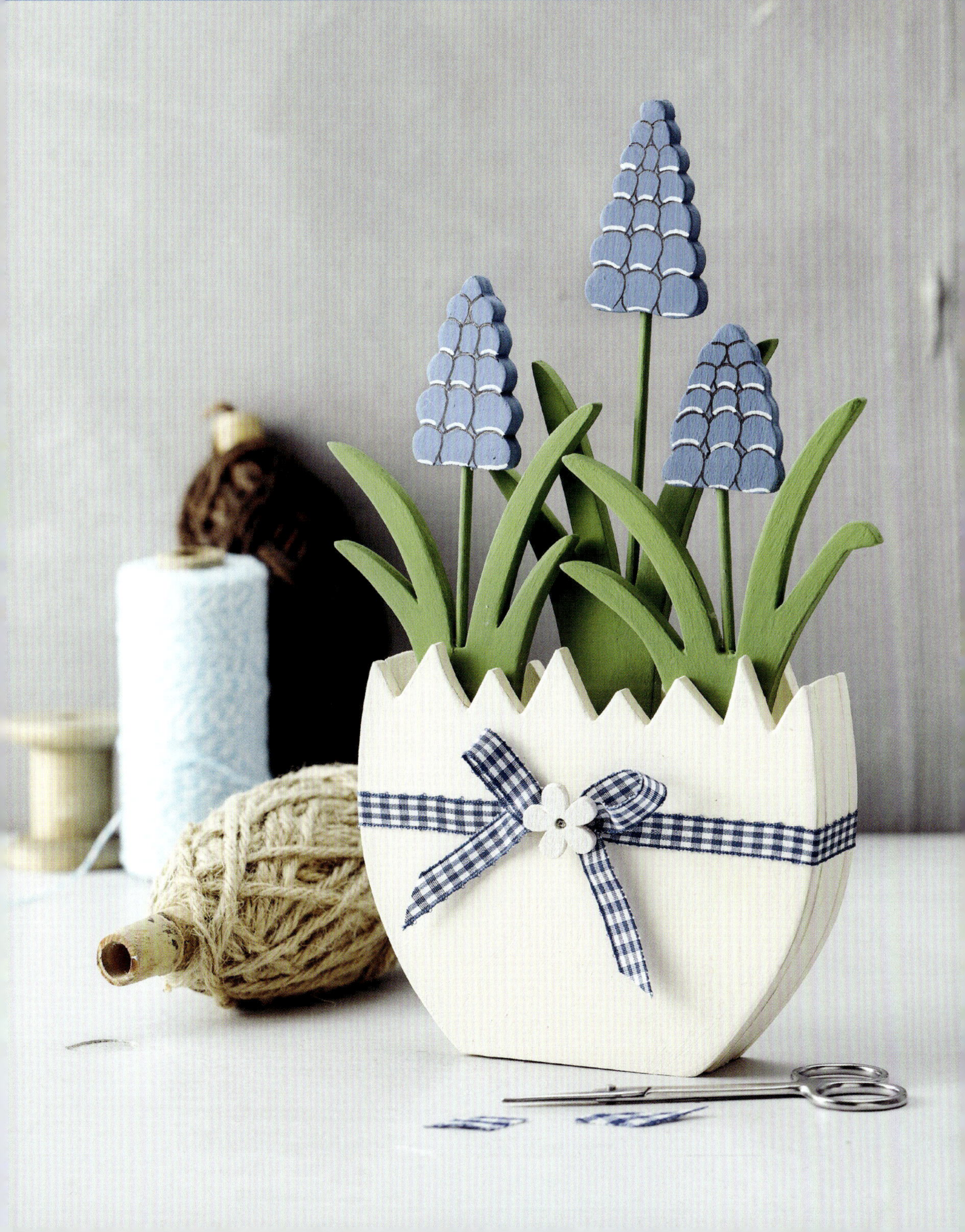

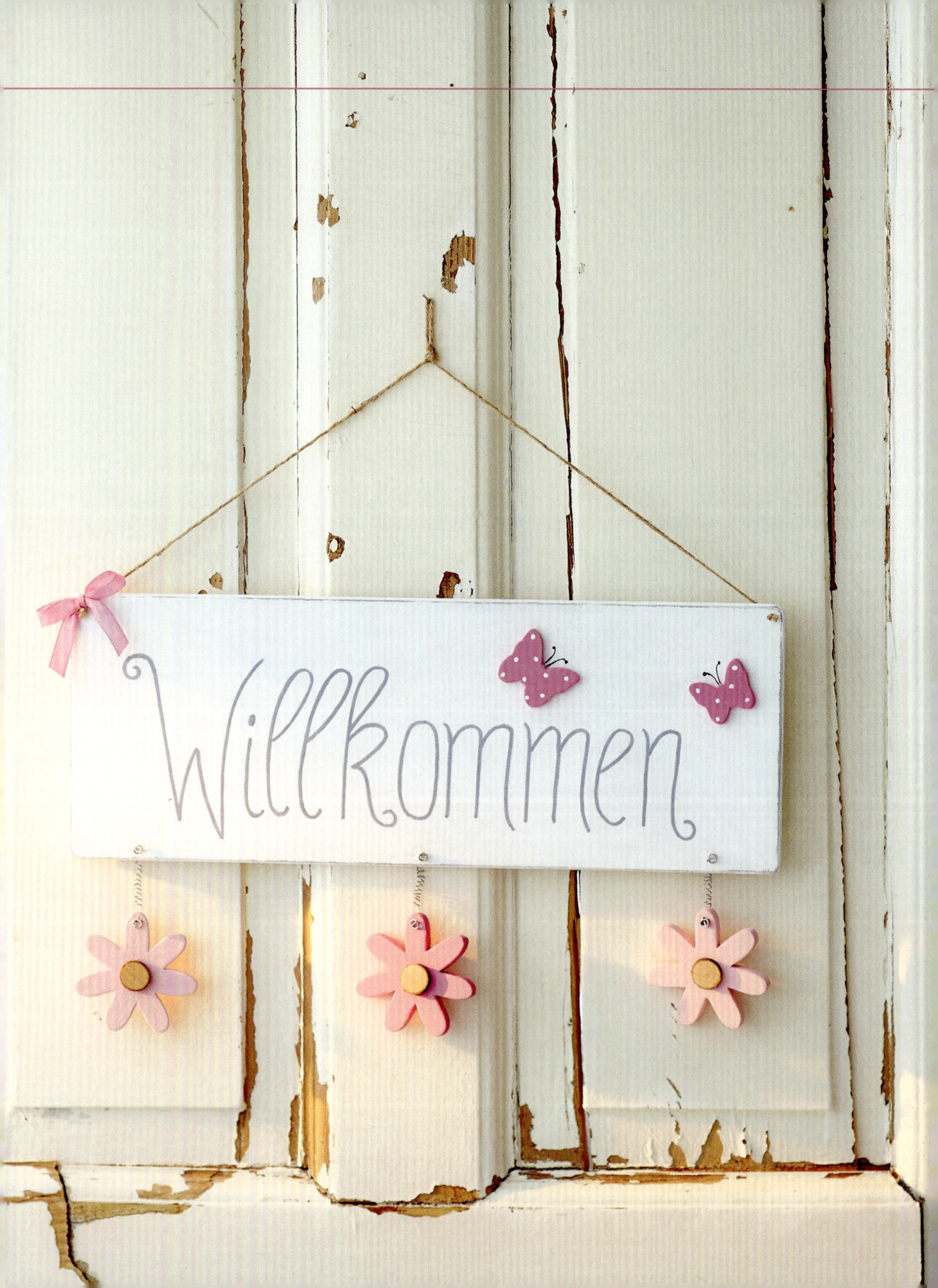
Willkommen

Dekoratives Eingangsschild

Blumiger Willkommensgruß in Vintage-Optik

MOTIVHÖHE
ca. 24 cm

MATERIAL

- Sperrholz, 1 cm stark, ca. 30 cm x 44 cm
- Sperrholz, 4 mm stark, ca. 7 cm x 7 cm
- 3 Rundholzscheiben, ø 1,5 cm
- Acrylfarben in Pink, Rosa, Weiß und Grau
- Marker in Grau, ø 1,3 mm
- Pigmentmarker in Schwarz, ø 0,3 mm
- Bindedraht in Silber
- Jutekordel, 2 mm breit, ca. 60 cm lang
- Dekoband, 1 cm breit, 20 cm lang
- Bohrer, ø 1,5 mm und ø 3 mm
- Seitenschneider
- Zange
- Schaschlikspieße

VORLAGE
Bogen 2A

1 Übertragen Sie die Vorlagen für das Schild und die Blüten auf das 1 cm starke Sperrholz; die Vorlage für die Schmetterlinge auf das 4 mm starke Holz. Anschließend alle Teile aussägen.

2 Mit der Farbe Grau das Schild grundieren. Nach dem Trocknen jede Seite zweifach mit der Farbe Weiß überstreichen. Die Blüten wie abgebildet bemalen. Die Punkte der Schmetterlinge werden nach dem Bemalen mit verdünntem Weiß, mithilfe eines dünnen Pinselstils oder eines Schaschlikspießes aufgetupft. Auch die Blüten mit Farbe versehen.

3 Den Schriftzug von der Vorlage auf das Schild übertragen und mit dem grauen Marker nachfahren. Um eine Vintage-Optik zu erreichen, die Kanten vorsichtig mit Schleifpapier abschleifen, sodass wieder die graue Grundierung zum Vorschein kommt.

4 Die Astscheibe auf die Blüten und die Schmetterlinge auf das Schild kleben. Nun mit dem Pigmentmarker die Fühler der Schmetterlinge aufmalen.

5 Die Bohrungen laut Vorlage ausführen. Den Draht mit einem dünnen Pinselstil zu Spiralen drehen, die Enden durch Blüte und Schild stecken und mit kleinen Befestigungsschnecken befestigen. Die Jutekordel in der gewünschten Länge durch die oberen Löcher fädeln und verknoten. Zuletzt die Schleife anbringen.

Frühlingsgarten

mit Häschen

MOTIVHÖHE
ca. 36 cm

MATERIAL
- Leimholzbrett, 1,8 cm stark, ca. 9 cm x 34 cm
- Sperrholz, 1 cm stark, ca. 30 cm x 44 cm
- Sperrholz, 4 mm stark, Reststück
- Rundholzstab, ø 0,5 cm, ca. 38 cm lang
- Acrylfarbe in Hellgrün, Lavendel, Weiß, Elfenbein und Hellbraun
- Pigmentmarker in Schwarz, ø 0,3 mm
- Bohrer, ø 2 mm, ø 3,5 mm und ø 5 mm
- 4 Holzschrauben Senkkopf, ø 3 mm, 25 mm lang
- 4 Holzschrauben Senkkopf, ø 3 mm, 30 mm lang (für die Tulpen)
- Schaschlikspieße

VORLAGE
Bogen 2A

1 Die Vorlagen für Blüten, Blätter und Hasen auf das 1 cm starke Sperrholz sowie die Vorlage für den Schmetterling auf das 4 mm starke Sperrholz übertragen. Anschließend die Motive aussägen.

2 Den Rundholzstab in 16 cm und 22 cm teilen.

3 Alle Einzelteile wie auf dem Foto abgebildet bemalen. Mit dem Pigmentmarker werden beim Hasen die Innenlinien, die Schnurrhaare, das Näschen und das Auge aufgemalt, sowie die Fühler des Schmetterlings. Für das Auge wird mit dem Schaschlikspieß ein Lichtpunkt gesetzt.

4 Jetzt die Bohrungen entsprechend der Vorlage setzen. Die Rundholzstäbe zuerst in den Blüten und anschließend in den Blättern verankern. Nun die Figuren auf dem Sockel ausrichten und mit den Schrauben befestigen.

5 Zum Schluss die Blüte mit dem Schmetterling dekorieren und festleimen, sodass der Hase zum Schmetterling aufsieht.

Mein Tipp für Sie

Bohren Sie die Blattunterseite mit dem 3,5-mm-Bohrer vor und mit dem 5-mm-Bohrer auf.

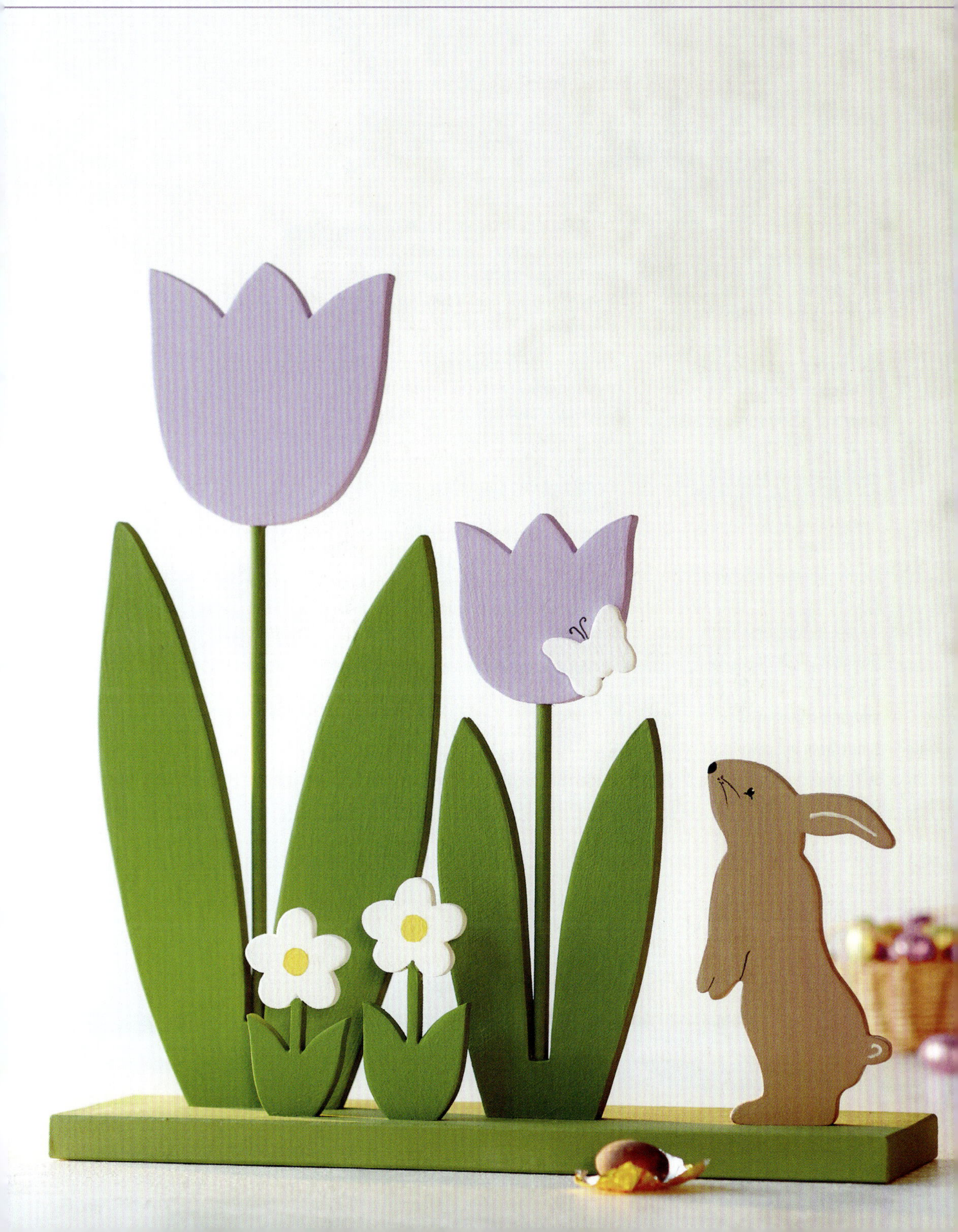

Blumenwiese

Ein Paradies für Bienen

MOTIVHÖHE
ca. 48 cm

MATERIAL
- Leimholzlatte, 1,8 cm stark, 6 cm x 57 cm
- Sperrholz, 6 mm stark, ca. 40 cm x 55 cm
- Sperrholz, 4 mm stark, ca. 10 cm x 60 cm
- Acrylfarbe in Gelb, Weiß, Schwarz, Feuerrot, Hellgrün, Tannengrün, Dunkelbraun, Lavendel und Marineblau
- Pigmentmarker in Schwarz, ø 0,2 mm
- Marker in Weiß, ø 0,8 mm
- Broadpen in Braun, ø 0,8 mm
- Broadpen in Grün, ø 0,8 mm
- Steckdraht in Grün
- Bindedraht in Schwarz
- 18 Holzschrauben Senkkopf, ø 3 mm, 25 mm lang
- Bohrer, ø 1 mm, ø 2 mm und ø 3,5 mm
- Zange
- Schraubzwingen
- Schaschlikspieße

VORLAGE
Bogen 2A

1 Zuerst die einzelnen Blumen sowie die Biene aus dem 6 mm starken Sperrholz fertigen. Die Wiese auf 57 cm verlängern und aus dem 4 mm starken Holz aussägen.

2 Die einzelnen Teile wie auf dem Foto abgebildet bemalen. Die Innenlinien der Sonnenblume mit dem braunen Broadpen und die der Blätter, mit dem grünen Broadpen aufmalen. Auf Margerite, Kornblume und Klatschmohn mit dem schwarzen Pigmentmarker Innenlinien anbringen. Die Punkte für die Sonnenblume und den Käfer mit dem Schaschlikspieß auftragen. Mit dem weißen Marker werden die Augen für die Käfer und Bienen aufgemalt.

3 Alle Bohrlöcher nach Vorlage setzen.

4 Als nächsten Schritt den grünen Draht für die Glockenblumen kürzen, biegen und in Blätter und Blüten leimen. Hierbei ist eine Zange hilfreich. Für die Fühler des Marienkäfers den schwarzen Bindedraht auf 1 cm kürzen, in Form biegen und verleimen. Die Bienen aufkleben beziehungsweise mit Draht auf den Blüten aufstecken.

5 Nun die Blumen von unten auf dem Sockel anhand der Vorlage verschrauben. Zum Schluss wird die Wiese auf der Vorderkante des Sockels angeleimt und mit Schraubzwingen befestigt.

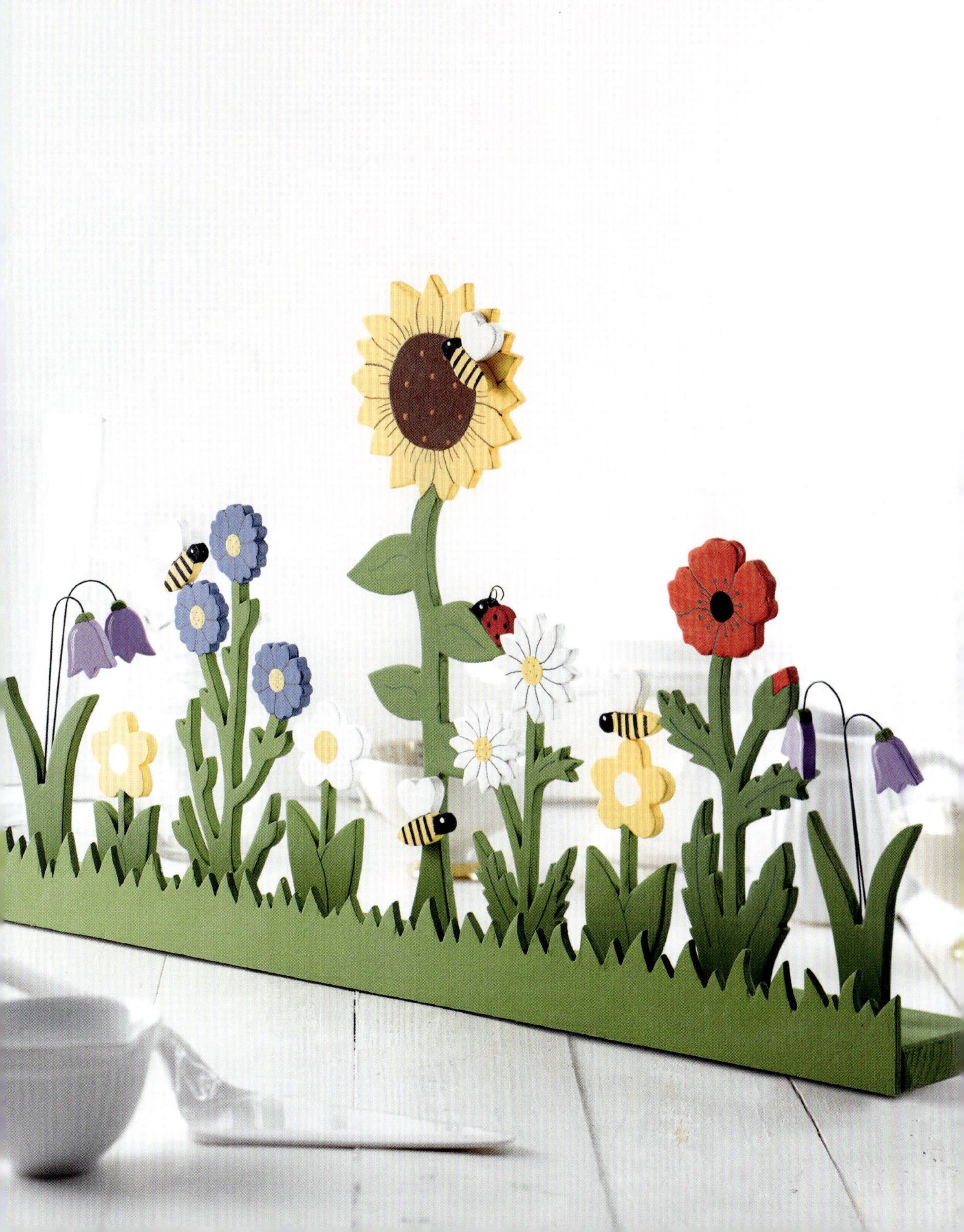

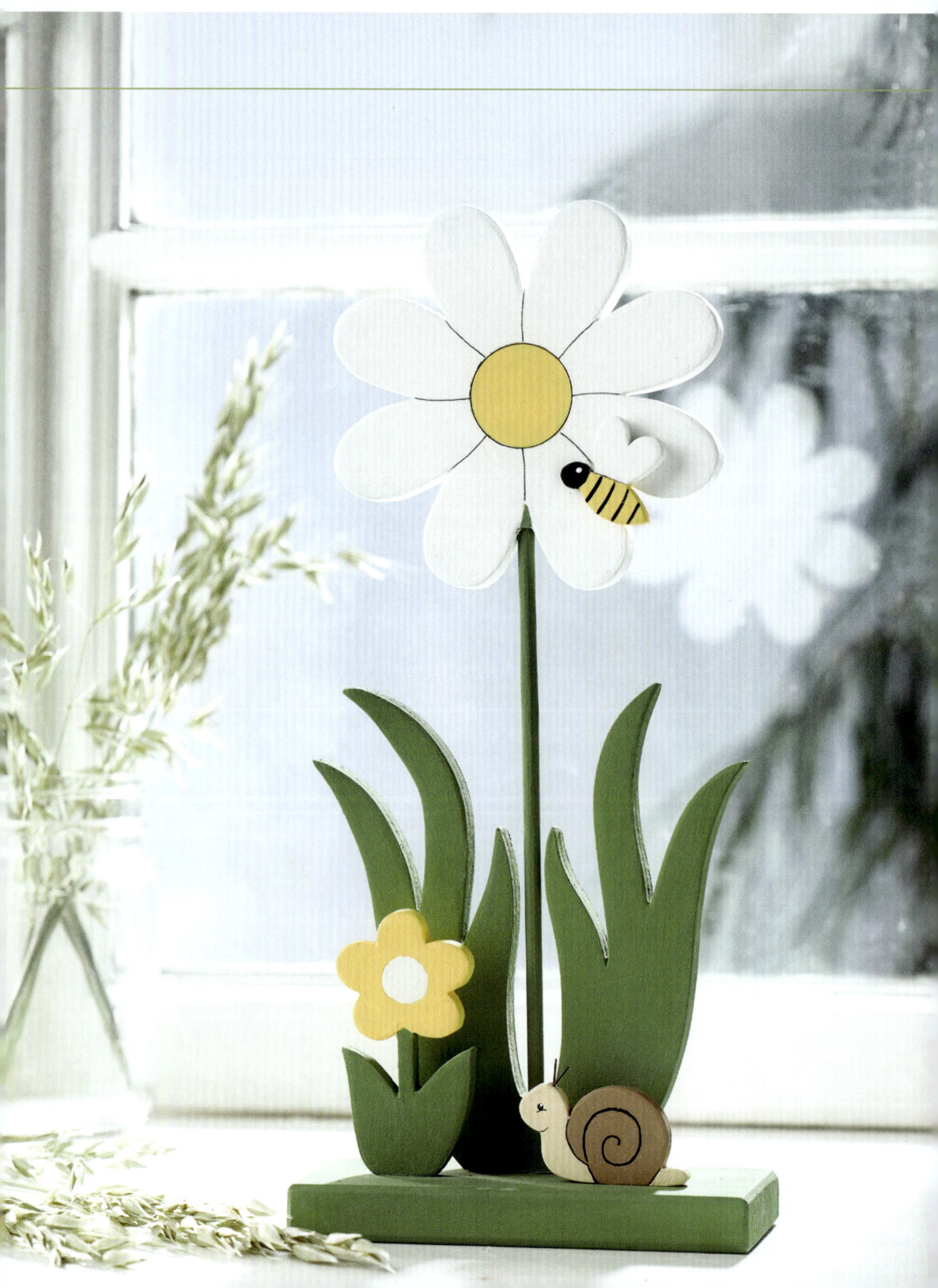

Margerite

Hübsche Fensterdeko

MOTIVHÖHE
ca. 32 cm

MATERIAL

- Leimholz, 1,8 cm stark, ca. 9 cm x 17 cm
- Sperrholz, 1 cm stark, ca. 23 cm x 32 cm
- Sperrholz, 6 mm stark, ca. 10 cm x 20 cm
- Rundholzstab, ø 5 mm, ca. 19,5 cm
- Acrylfarbe in Weiß, Gelb, Schwarz, Tannengrün, Hellgrün, Hautfarbe und Hellbraun
- Pigmentmarker in Schwarz, ø 0,2 mm und 0,5 mm
- Bindedraht in Schwarz
- Holzbohrer, ø 1 mm, ø 2 mm (zum Vorbohren), ø 3,5 mm und ø 5 mm
- 2 Holzschrauben Senkkopf, ø 3 mm, 30 mm lang (zum Festschrauben der Margerite)
- 4 Holzschrauben Senkkopf, ø 3 mm, 25 mm lang (zum Festschrauben der kleinen Blume und Schnecke)

VORLAGE
Bogen 1A

1 Die Vorlagen übertragen und aus dem 1 cm starken Sperrholz die Margerite sowie aus dem 6 mm starken Sperrholz die kleine Blume, die Schnecke und die Biene aussägen. Anschließend den Sockel aus dem Leimholz sägen.

2 Die Farbe Tannengrün mit etwas Hellgrün mischen. Alle Teile wie auf dem Foto abgebildet bemalen. Die Innenlinien nach dem Trocknen mit dem dünnen Pigmentmarker ergänzen. Das Schneckenhaus mit dem dicken Pigmentmarker verzieren.

3 Die Bohrungen anhand der Vorlage setzen. Den Draht für die Schneckenfühler einstecken. Anschließend den Rundholzstab mit Blüte und Blatt verbinden. Mit Holzleim die Biene auf der Blüte befestigen. Die Margerite mit den langen Schrauben, die kleine Blume und die Schnecke mit den kürzeren Schrauben auf dem Sockelbrett verschrauben.

Klatschmohnstrauß

Sommerliche, elegante Tischdeko

MOTIVHÖHE
ca. 43 cm

MATERIAL
- Leimholz, 1,8 cm stark, ca. 25 cm x 30 cm
- Sperrholz, 1 cm stark, ca. 20 cm x 25 cm
- Acrylfarbe in Grau, Hellrot, Hellgrün, Tannengrün, Elfenbein und Gelb
- Pigmentmarker in Schwarz, ø 0,5mm
- Spanndraht in Grün, kunststoffummantelt, ø 3,8 mm, ca. 40 cm lang
- Baumwollkordel in Grau, 1 mm breit, 40 cm lang
- Schablone mit Ranken-Motiv
- Haftspray „Fix-it"
- Malschwamm
- Bohrer, ø 3,5 mm und ø 4 mm
- 2 Holzschrauben Senkkopf, ø 3 mm, 3 cm lang (zum Festschrauben auf der Bodenfläche)
- Zange

VORLAGE
Bogen 2A

1 Die Vorlagen für Blätter sowie Blüten auf das Sperrholz übertragen und aussägen; die Vase und die Bodenplatte aus dem Leimholz fertigen.

2 Zum Bemalen die Farbe Tannengrün mit etwas Hellgrün mischen. Alle Teile wie auf dem Foto abgebildet bemalen. Nach dem Trocknen mit dem Pigmentmarker die Innenlinien der Blüten und die Blütenstempel aufmalen.

3 Die Motivschablone mit dem Haftspray einsprühen, etwas einwirken lassen und auf die Vase legen. Das Motiv mit dem Malschwamm auftupfen und trocknen lassen.

4 Nun die Löcher für Blätter, Blüten sowie Vase laut Vorlage bohren. Den Draht in drei Teilstücke à 12 cm (linke Blüte), 16 cm (Blüte in der Mitte) und 11 cm (Knospe rechts) aufteilen. Die Drahtstücke durch die Blätter schieben und mit Leim fixieren. Anschließend diese in der Vase und in den Blüten mit der Zange verankern.

5 Jetzt die Vase auf der Bodenplatte verschrauben und mit der Baumwollkordel verzieren.

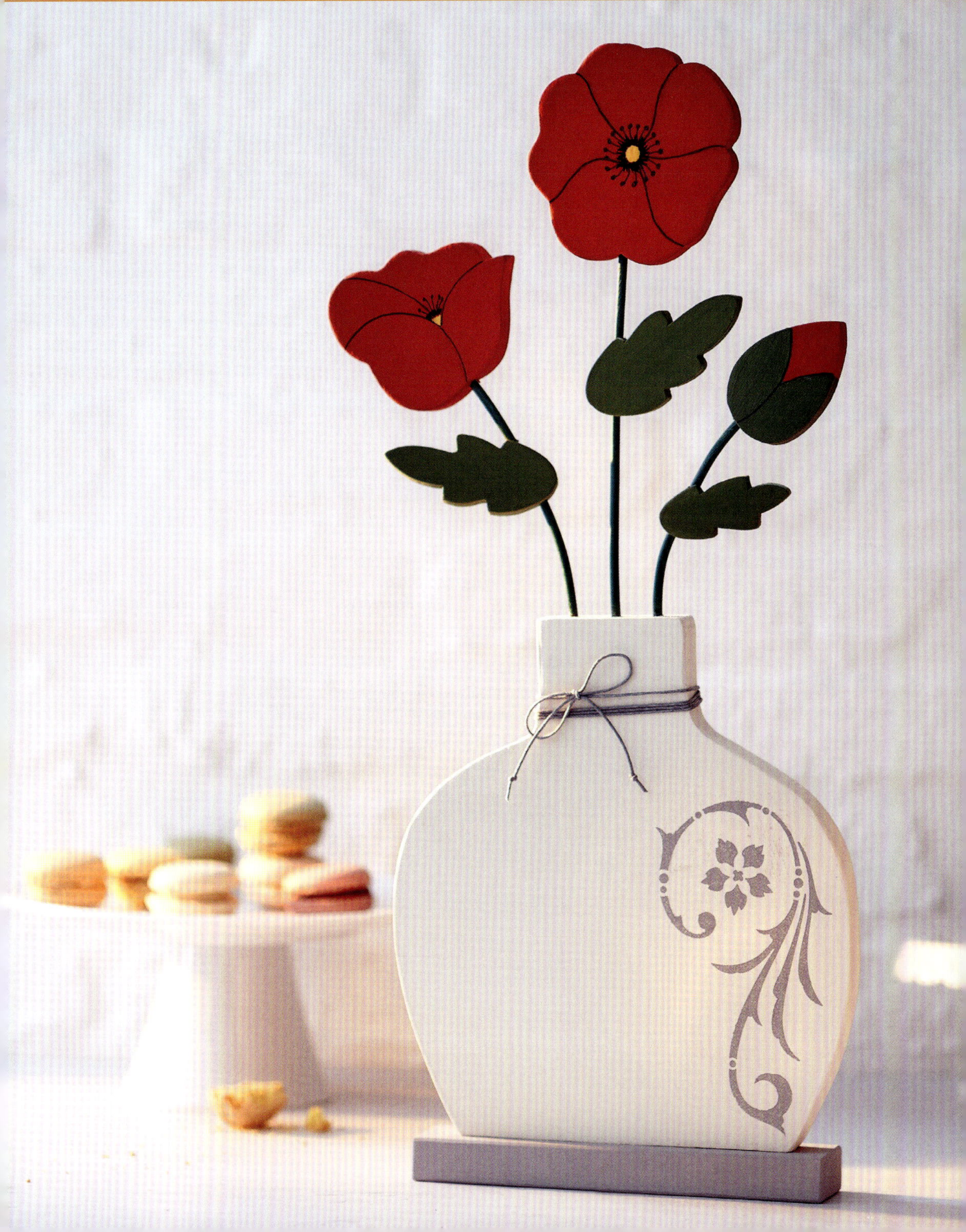

Sonnenblumen

Sommerliche Fensterdeko zum Hängen

MOTIVHÖHE
ca. 29 cm

MATERIAL

- Sperrholz, 8 mm stark, ca. 35 cm x 40 cm
- Sperrholz, 4 mm stark, ca. 11 cm x 18 cm
- Acrylfarbe in Weiß, Ocker und Dunkelbraun
- Bindedraht in Silber
- Aludraht, ø 2 mm
- 4 Perlen in Silber, ø 8 mm
- 2 Perlen in Silber, ø 10 mm
- Dekoband, 1,5 cm breit, ca. 1,6 m lang
- Bohrer, ø 5 mm
- Flachzange

VORLAGE
Bogen 1A

1 Die Vorlagen für die Blüten auf das 8 mm starke Sperrholz übertragen und aussägen; die Kreise aus dem 4 mm starken Sperrholz fertigen.

2 Alle Teile wie auf dem Foto abgebildet bemalen. Nach dem Trocknen werden kleine Punkte aus verdünntem Weiß mit einem dünnen Pinselstiel aufgetupft.

3 Anschließend die Kreise mithilfe des Leims mittig auf den Blüten platzieren.

4 Die Bohrung laut Vorlage ausführen. Den Aludraht entsprechend der Vorlage zu Spiralen biegen. Hilfreich dazu ist eine Flachzange.

5 Den Silberdraht durch das Bohrloch stecken und die Perlen durch beide Enden auffädeln. Das obere Ende des Drahtes an der Spirale befestigen. Siehe dazu „So wird's gemacht".

6 Das Dekoband in die gewünschten Längen schneiden. In die obere Spirale einfädeln, doppelt nehmen und eine Schlaufe als Aufhängung legen. Diese mit dem Draht mehrfach umwickeln. Um ein Verdrehen des Bandes zu verhindern, das Band oberhalb der Spirale mit dem Bindedraht umwickeln.

Mein Tipp für Sie

Besonders schön sieht es aus, wenn die beiden Sonnenblumen in unterschiedlichen Längen das Fenster schmücken.

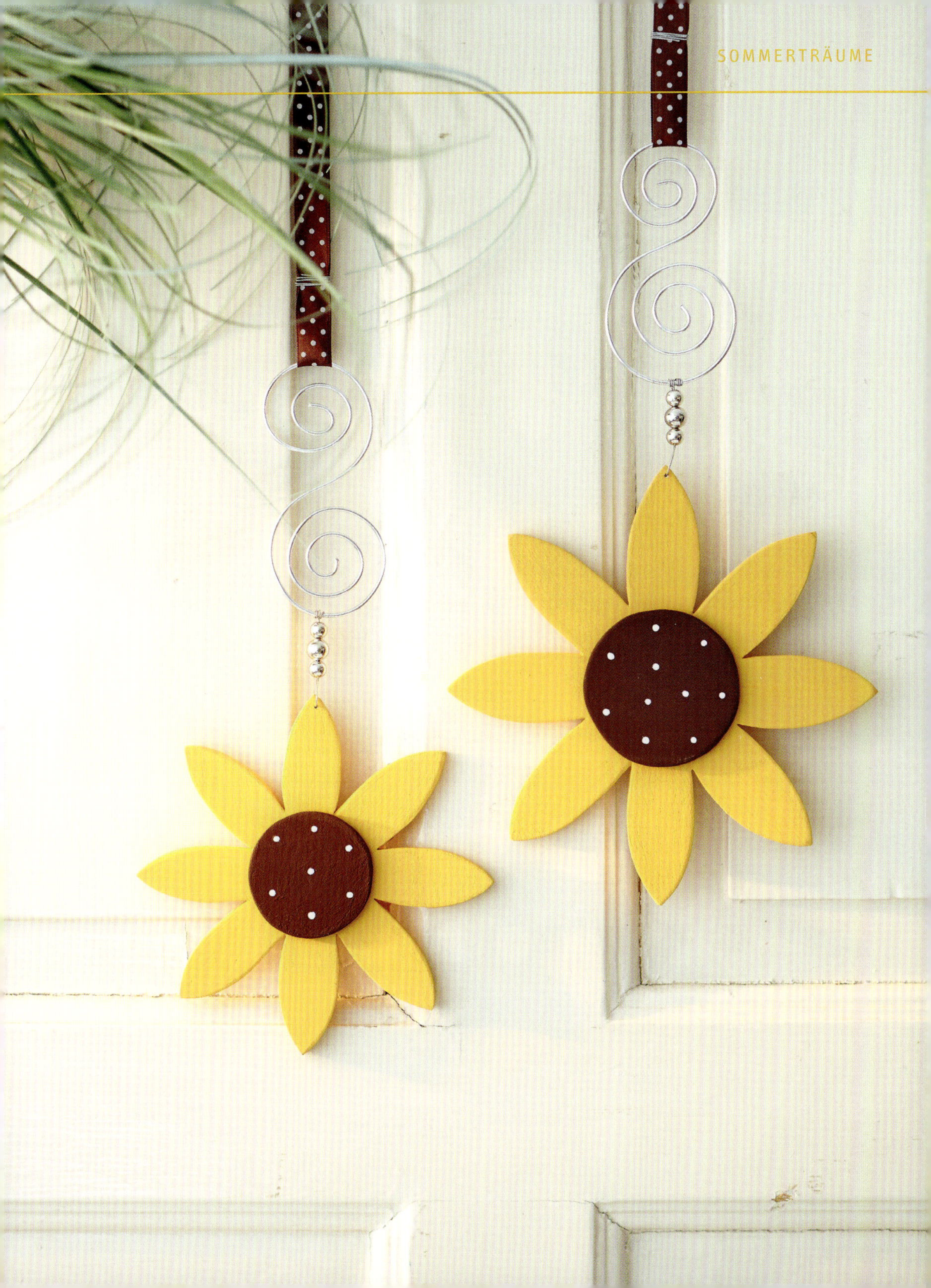

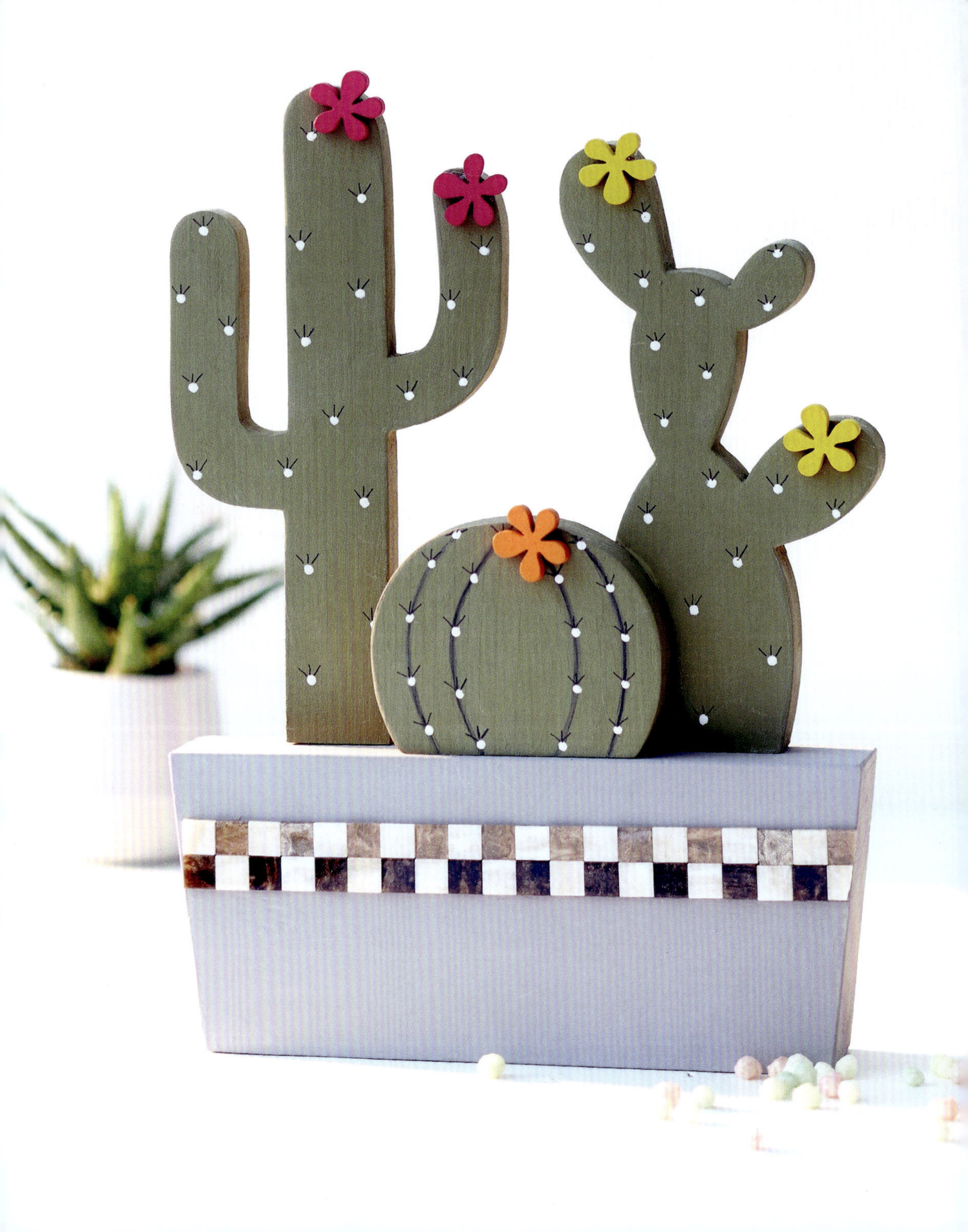

Kakteen-Schale

Mein kleiner grüner Kaktus

MOTIVHÖHE
ca. 29 cm

MATERIAL
- Massivholz gehobelt, 4 cm stark, ca. 13 cm x 24 cm
- Leimholz, 1,8 cm stark, ca. 28 cm x 34 cm
- Acrylfarbe in Olivgrün, Weiß, Schwarz und Grau
- Holz-Streuteile in Blütenform, ø 2,5 cm
- Mosaiksteinchen, 1 cm x 1 cm
- Mosaikkleber, transparent
- Pigmentmarker in Schwarz, ø 0,1 mm
- Stahldraht, ø 1,8 mm, ca. 12 cm lang
- Schaschlikspieß
- Bohrer, ø 1,5 mm
- Schraubzwingen

VORLAGE
Bogen 2A

1 Die Vorlagen für die Kakteen auf das Leimholz übertragen und aussägen; die Schale wird aus dem Massivholz gefertigt. Achten Sie beim Sägen darauf, dass die Standflächen absolut gerade sind.

2 Die einzelnen Teile dem Foto entsprechend bemalen. Beim runden Kaktus die Innenlinien mit der Nass-in-Nass Technik (s. „Topp-Tipps") mit der Farbe Schwarz einarbeiten. Nach dem Trocknen kleine Punkte aus verdünntem Weiß mit einem dünnen Pinselstiel oder Schaschlikspieß auftupfen. Anschließend mit dem Pigmentmarker jeweils drei feine Striche als Stacheln aufmalen.

3 Nun die Mosaiksteinchen mit dem zugehörigen Kleber aufkleben.

4 Die Bohrungen in Kakteen und Massivholz laut Vorlage setzen.

5 Jetzt die Kakteen an der Unterseite mit sechs Drahtstücken à 2 cm versehen. Dazu den Stahldraht mit der Zange in Kakteen und Massivholz schieben und jeweils verleimen. Die Kakteenschale mit den Schraubzwingen bis zum Aushärten des Leimes fixieren.

6 Zum Schluss werden die Kakteen mit den Streublüten verziert.

Mein Tipp für Sie

Die Mosaiksteinchen lassen sich mit einer Schere in die gewünschte Form schneiden.

Monstera-Blatt

Exotisches Flair für die Wohnung

MOTIVHÖHE
ca. 52 cm

MATERIAL
- Sperrholz, 1,0 cm stark, ca. 26 cm x 32 cm
- Holzpfosten, ca. 7 cm x 7 cm, 14 cm lang
- Acrylfarbe in Hellgrün und Tannengrün
- Holzlasur in Teak
- Rundholzstab, ø 6 mm, ca. 26 cm lang
- Bohrer, ø 6 mm
- Papierdraht, ca. 40 cm lang
- Jutekordel, ca. 50 cm lang
- Dekoband, 1,5 cm breit, 30 cm lang
- Hammer

VORLAGE
Bogen 1A

1 Die Vorlage für das Blatt auf das Sperrholz übertragen und aussägen.

2 Die Farbe Hellgrün mit etwas Tannengrün mischen und das Blatt sowie den Rundholzstab bemalen. Den Sockel mit der Lasur streichen.

3 Als nächsten Schritt sind die Bohrungen laut Vorlage zu setzen.

4 Den Rundholzstab vorsichtig mit dem Hammer im Sockel verankern und mit Holzleim fixieren. Im Anschluss das obere Ende des Stabes in das Monsterablatt stecken und verleimen.

5 Mit Dekoband, Jutekordel und Papierdraht den Rundholzstab dekorieren.

Mein Tipp für Sie

Testen Sie selbst gemischte Farbe immer auf einem Stück Restholz bevor Sie das eigentliche Stück bemalen.

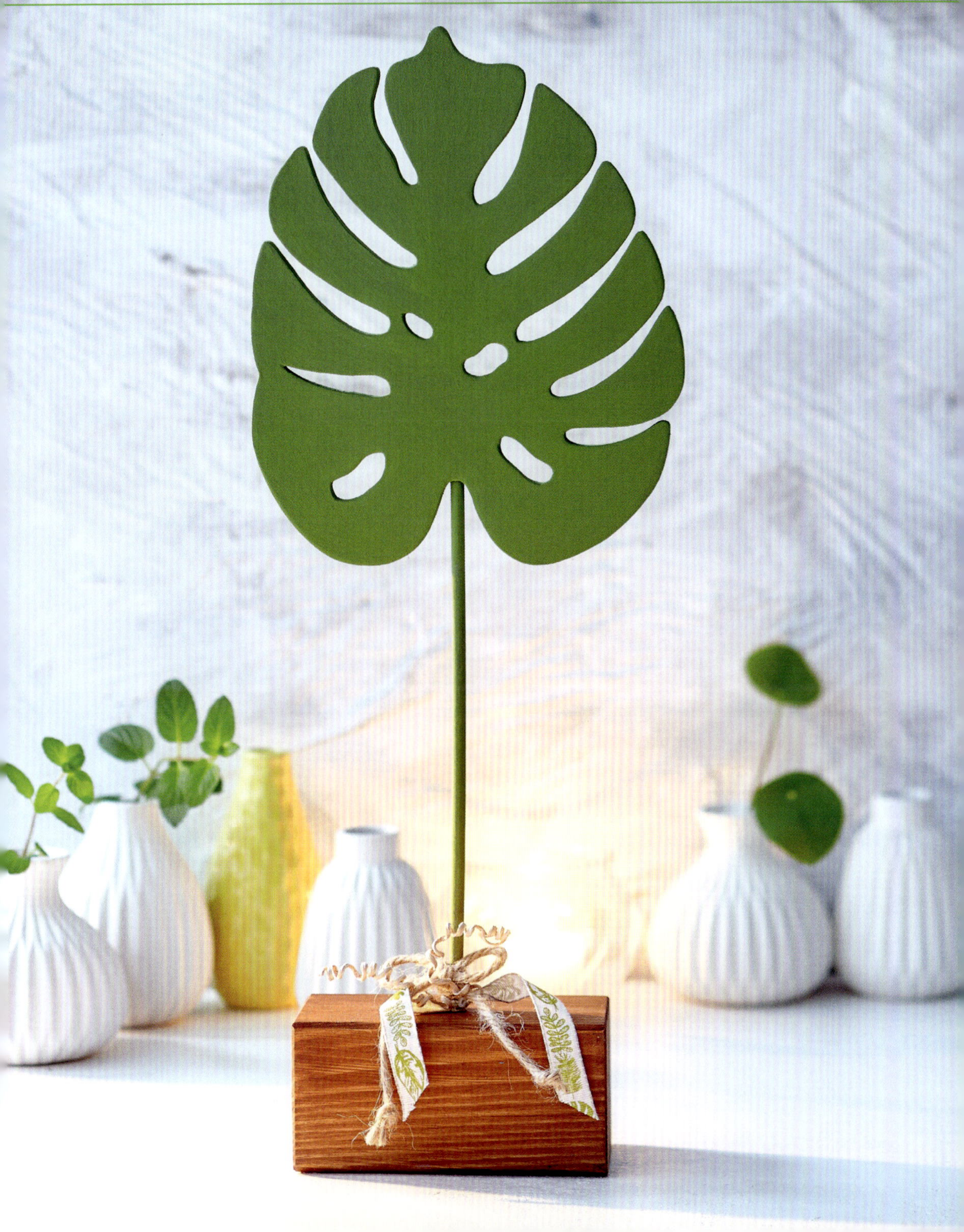

Stiefmütterchen

Kleine Geschenkidee für das ganze Jahr!

MOTIVHÖHE
ca. 16 cm

MATERIAL
- Sperrholz, 1 cm stark, ca. 12 cm x 18 cm
- Sperrholz, 6 mm stark, ca. 10 cm x 10 cm
- 3 Astscheiben, ø 6 cm
- Rundholzstab, ø 5 mm, ca. 27 cm lang
- Acrylfarben in Hellgrün, Tannengrün, Pink, Gelb, Lavendel, Weiß, Schwarz, Blau und Mandarine
- Pigmentmarker in Schwarz, ø 0,3 mm
- Broadpen in Grün, ø 0,8 mm
- Sisalwolle in Natur
- Holz-Streuteile Marienkäfer
- Bohrer, ø 2 mm (zum Vorbohren), ø 3,5 mm, ø 5 mm
- 6 Holzschrauben Senkkopf, ø 3 mm, 20 mm lang (zum Festschrauben auf der Bodenfläche)

VORLAGE
Bogen 2A

1 Die Vorlagen für Blätter und Grundform der Blüte auf das 1 cm starke Sperrholz übertragen und aussägen; den Blütenaufsatz aus dem 6 mm starken Holz fertigen.

2 Für Stiel und Blatt die Farben Hellgrün und Tannengrün mischen. Die Grundform der Blüten wie abgebildet bemalen. Für die Aufsätze wird die Farbe der Grundform mit Weiß aufgehellt. Die Innenlinien der Blätter mit dem grünen Stift und die der Blüten mit dem schwarzen Stift aufmalen.

3 Den Aufsatz mit Holzleim auf die Blütengrundform kleben.

4 Anschließend die Bohrungen nach Vorlage ausführen. Den Rundholzstab in drei Teile à 9 cm trennen und in die Bohrungen stecken. Nun die Stiefmütterchen mit je zwei Schrauben auf der Mitte der Astscheibe verschrauben.

5 Zum Schluss mit etwas Sisalwolle und den Holz-Streuteilen dekorieren.

Mein Tipp für Sie

Toll sieht es auch aus, den Blütenaufsatz in einer anderen Farbe zu gestalten.

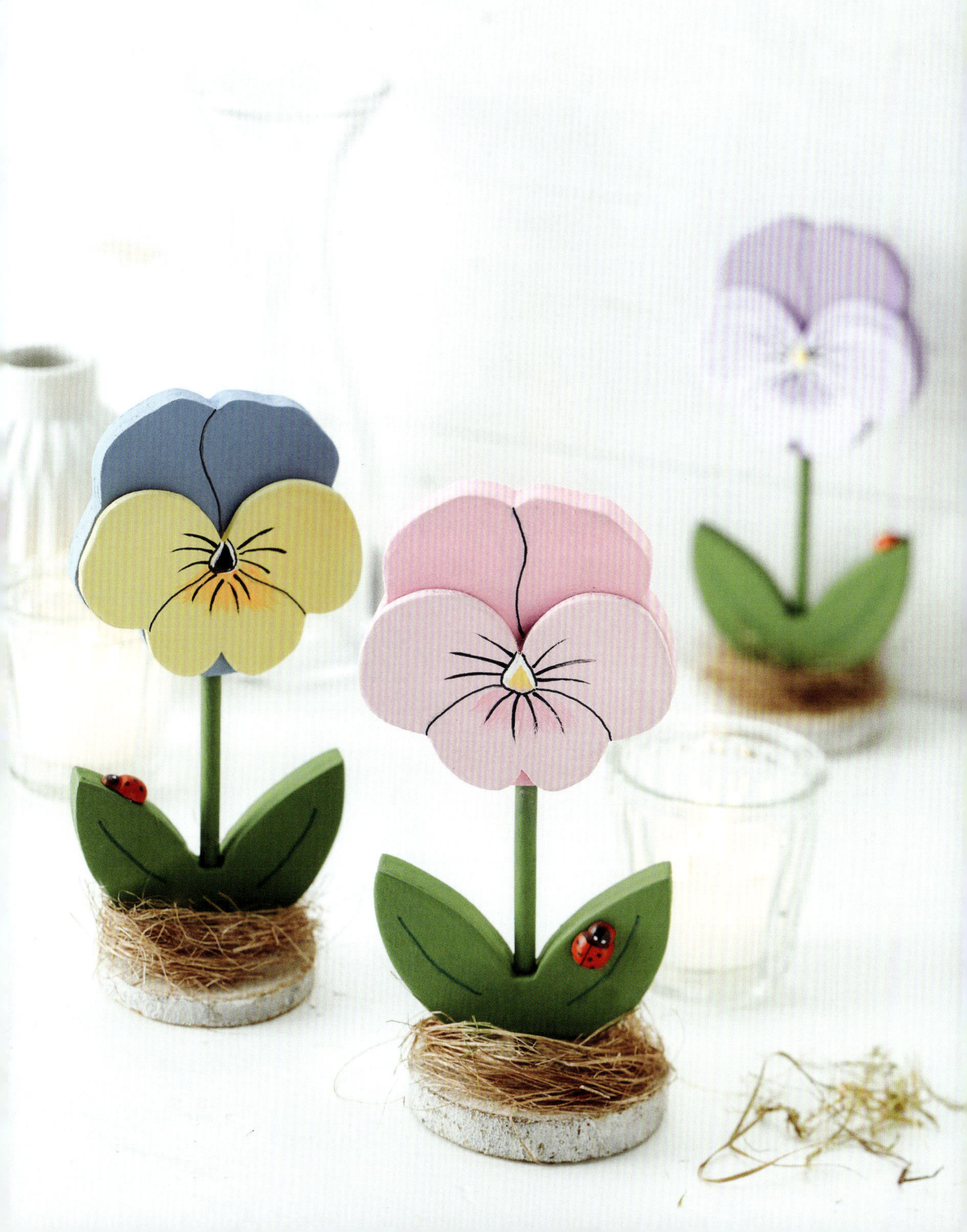

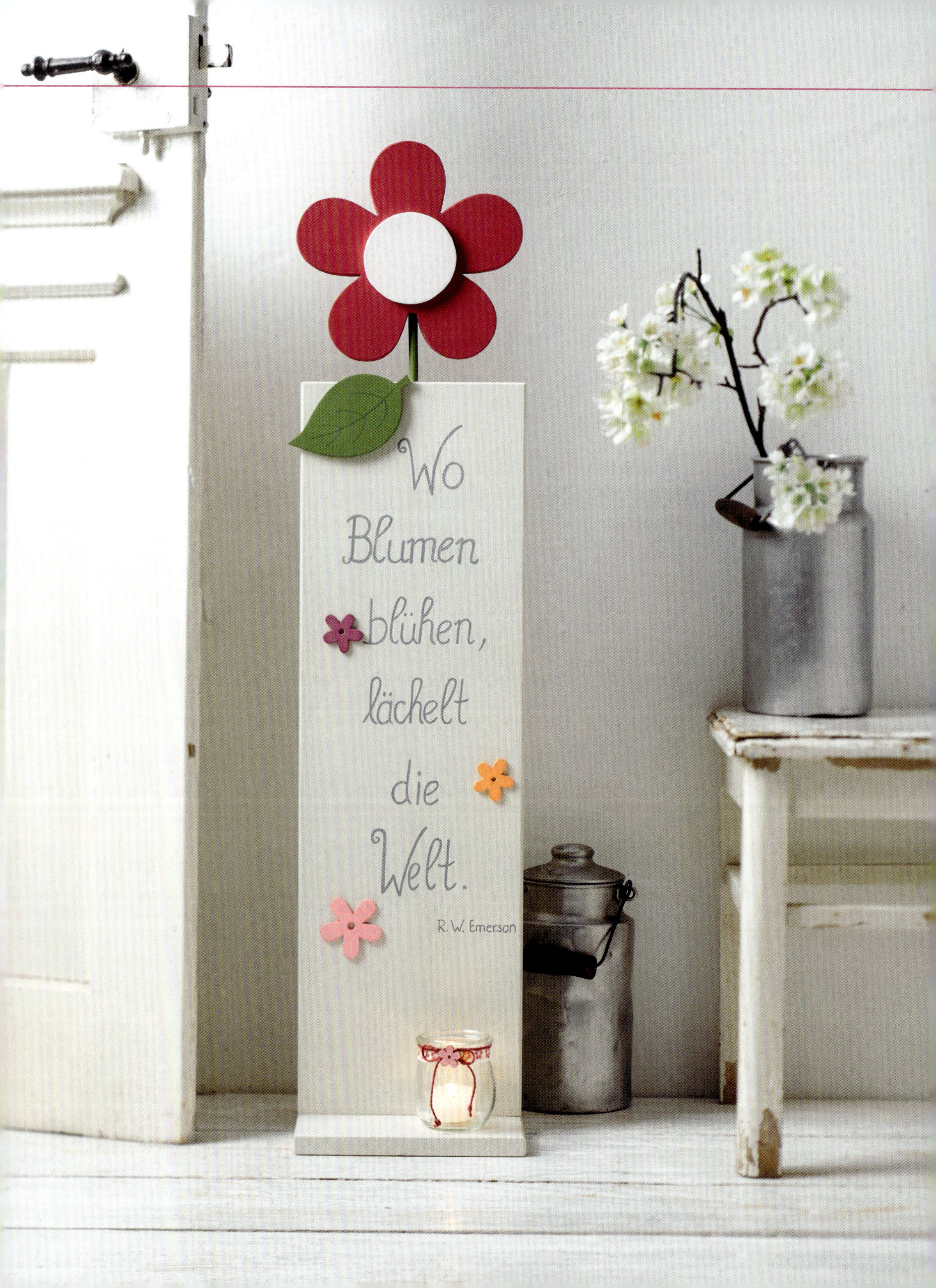
Wo
Blumen
blühen,
lächelt
die
Welt.
R. W. Emerson

Blumen-Stele

für Innen und Außen geeignet

MOTIVHÖHE
ca. 90 cm

MATERIAL

- Leimholzbrett, 1,8 cm stark, ca. 20 cm x 85 cm
- Leimholz, 1,8 cm stark, ca. 24 cm x 30 cm
- Sperrholz, 6 mm stark, ca. 20 cm x 20 cm
- Rundholzstab, ø 1,0 cm, ca. 8 cm lang
- Acrylfarbe in Weiß, Fuchsia und Hellgrün
- Buntlack in Cremeweiß
- Mattlack
- Marker in Grau, ø 1,3 mm
- Streudekoblüten
- Kleiner Farbroller
- 2 Holzschrauben Senkkopf, ø 3,5 mm, 35 mm lang
- Bohrer, ø 2,5 mm (zum Vorbohren), ø 4 mm und ø 8 mm

VORLAGE
Bogen 1A

1 Zuerst aus dem Leimholzbrett ein 20 cm x 20 cm großes Stück absägen. Dieses dient als Sockel. Beide Holzteile mithilfe des Farbrollers mit dem weißen Buntlack streichen.

2 Anschließend die Vorlage für die große Blüte auf das 1,8 cm starke Leimholz sowie die Vorlage für das Blatt und den Kreis auf das 6 mm starke Sperrholz übertragen und aussägen.

3 Die Blüte, den Kreis, den Rundholzstab und das Blatt wie abgebildet bemalen.

4 Nach dem Trocknen den Kreis auf die Blüte kleben. Den Schriftzug anhand der Vorlage auf die Stele übertragen und mit dem grauen Marker nachfahren.

5 Nun die Bohrungen mithilfe der Vorlage setzen. Jetzt die Stele auf dem Sockel platzieren und mit den Schrauben befestigen.

6 Anschließend den Blütenstiel einstecken und verleimen. Danach werden das Blatt und die Streudekoblüten aufgeklebt. Zum Schluss die Stele mit dem Mattlack versiegeln.

Mein Tipp für Sie

Besonders schön: Arrangieren Sie ein Windlicht auf dem Sockel.

Astern

Ein farbenfroher Herbstzauber

MOTIVHÖHE
ca. 40 cm

MATERIAL
- Leimholz, 1,8 cm stark, ca. 35 cm x 40 cm
- Sperrholz, 6 mm stark, ca. 20 cm x 30 cm
- Sperrholz, 4 mm stark, ca. 20 cm x 20 cm
- 3 Rundholzscheiben, ø 1,5 cm
- Kartoffel
- Acrylfarbe in Hellbraun, Elfenbein, Lavendel, Beere, Gelb, Weiß, Grau, Schwarz und Grün
- Spanndraht in Grün, kunststoffummantelt, ø 3,8 mm, ca. 35 cm lang
- Pigmentmarker in Schwarz, ø 0,2 mm und ø 0,5 mm
- Dekoband, 1,5 cm breit, 40 cm lang
- Bohrer, ø 2,5 mm (zum Vorbohren), ø 3,5 mm und ø 4 mm
- 2 Holzschrauben Senkkopf, ø 3,5 mm, 35 mm lang (zum Festschrauben auf der Bodenfläche)
- Zange
- Messer

VORLAGE
Bogen 1A

1 Die Vorlage für die Kanne auf das Leimholz übertragen und aussägen; die größeren Blüten, sowie die drei Blätter aus dem 6 mm starken Sperrholz fertigen. Die kleinen Blüten und das Laubblatt hingegen aus dem 4 mm starken Sperrholz fertigen.

2 Die Acrylfarbe Hellbraun mit etwas Weiß mischen und alle Teile wie abgebildet bemalen. Dabei an der Kanne die Innenlinien durch die Nass-in-Nass Technik (s. „Topp-Tipps") mit Schwarz einarbeiten. Nach dem Trocknen die Innenlinien der kleinen Blüten mit dem dünnen Pigmentmarker gestalten.

3 Für den Kartoffelstempel aus einer Kartoffel einen Würfel (ca. 1 cm x 1 cm) schneiden und mithilfe des Stempels die Farbe Elfenbein auf die Kanne tupfen. Gegebenenfalls nach dem Trocknen wiederholen und im Anschluss die Karos mit dem dickeren Pigmentmarker umranden.

4 Um einen Vintage-Look zu erzeugen, die Kanten vorsichtig mit etwas Schleifpapier anschleifen. Die Rundholzscheiben auf die kleinen Blütenblätter und diese auf die großen Blüten kleben. Ebenso das Laubblatt an der Kanne anbringen.

5 Nun die Bohrungen gemäß der Vorlage vornehmen. Den Draht in 3 Teilstücke à 9 cm (linke Blüte), 16 cm (Blüte in der Mitte) und 10 cm (Blüte rechts) aufteilen. Die Drähte durch die Blätter schieben und mit Leim fixieren. Anschließend die Drähte in den Blüten und der Kanne mithilfe der Zange verankern.

6 Abschließend die Kanne auf der Bodenplatte verschrauben und den Henkel mit Dekoband verzieren.

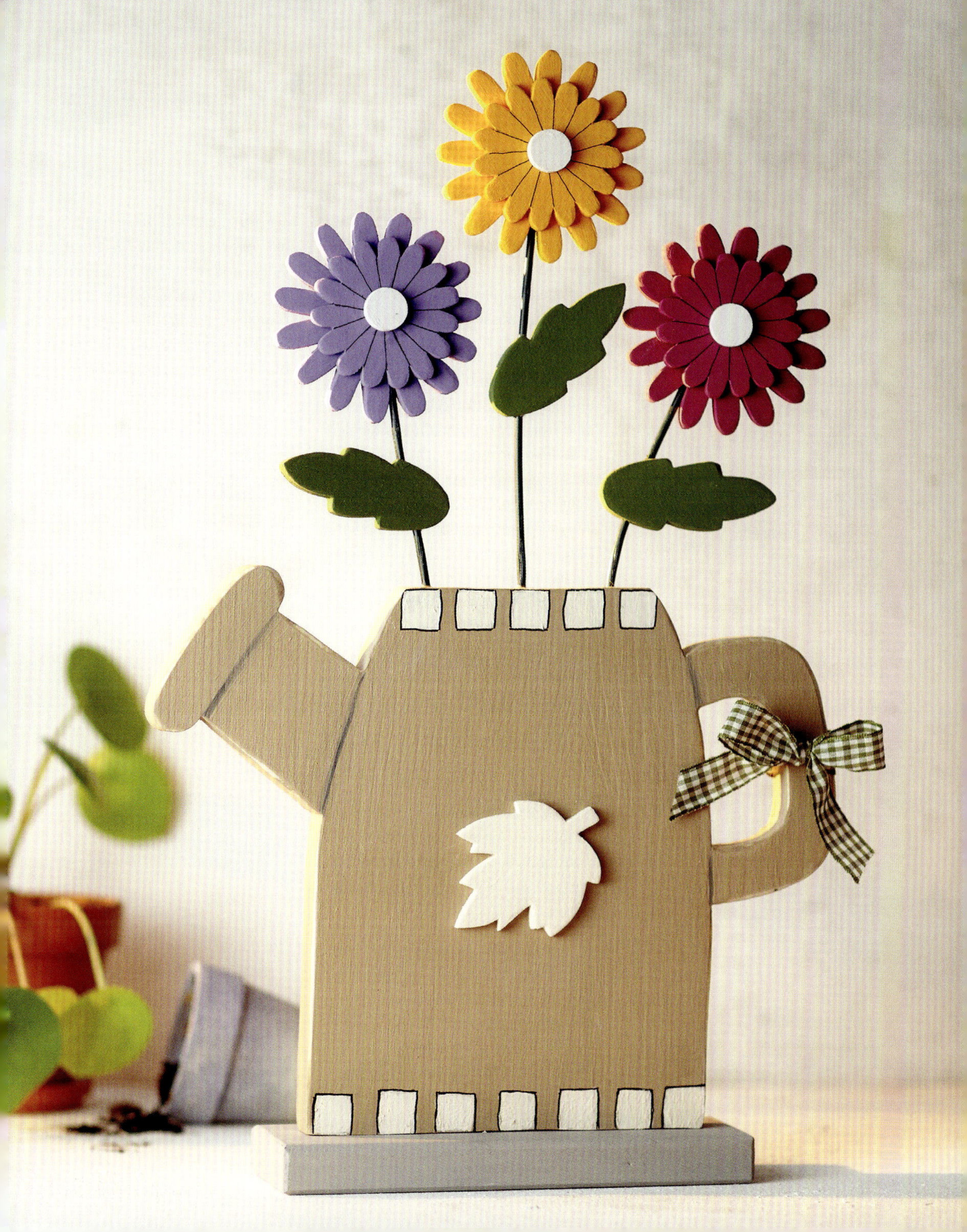

Birkenast mit Lampionblüten

Der Herbst hält Einzug

MOTIVHÖHE
ca. 58 cm

MATERIAL

- Birkenast, ca. 50 cm lang
- 3 Stücke Sperrholz, 6 mm stark, ca. 20 cm x 20 cm
- Acrylfarbe in Olivgrün, Mandarine und Orange
- 12 Holzperlen in Braun, ø 1,0 cm
- Marker in Schwarz, ø 0,7 mm
- Bindedraht in Braun
- Dekoband, 1 cm breit, ca. 90 cm lang
- Rankengirlande
- 2 kleine Ringösen
- Bohrer, ø 1,5 mm und ø 2 mm (für Ringösen)
- Schaschlikspieß
- Küchenpapier

VORLAGE
Bogen 1A

1 Alle Motivteile aus dem Sperrholz fertigen; insgesamt sieben Blätter sowie sechs Lampionblüten. Dazu die Vorlagen auf das Holz übertragen und die Motive aussägen.

2 Die Blätter werden in Olivgrün und die Lampionblumen in Mandarine und Olivgrün (Strunk) bemalt. Nach dem Trocknen werden die Kanten der Blätter vorsichtig mit Schleifpapier behandelt, damit das Holz wieder sichtbar wird. Die Lampionblüten werden mit Orange an den Kanten schattiert. Hierfür eignet sich ein Borstenpinsel; dieser wird in die Farbe getaucht und überschüssige Farbe auf einem Küchenpapier abgestreift. Anschließend die Buchstaben mit dem schwarzen Marker auf den Lampionblumen aufmalen.

3 Nun den Birkenast in der Mitte durchbohren. Dann von der Mitte aus im Abstand von ca. 10,5 cm links und rechts die weiteren vier Bohrungen vornehmen. Außerden die Löcher für die Ringösen für die Aufhängung, im Abstand von je 3cm von den Astenden setzen.

4 Als nächstes gemäß der Vorlage in die Blätter und Blüten Löcher zum Befestigen der Drahtspiralen bohren. Bei den Buchstaben H, B und T sowie bei drei Blättern, werden nur oben Löcher gebohrt. Bei den restlichen Motivteilen werden die Bohrungen oben und unten ausgeführt.

5 Nun den Draht um einen Schaschlikspieß wickeln, eine Perle mittig auffädeln und weiter wickeln. Am oberen und unteren Ende noch ein ausreichendes Stück Draht zur Befestigung am Birkenast bzw. den Blättern und Blüten stehen lassen und den restlichen Draht abknipsen.

6 Die Motivteile gemäß der Foto-Vorlage zusammensetzen.

7 Jetzt die einzelnen Blütenketten am Birkenast befestigen. Zum Schluss die Rankengirlande um den Birkenast winden und die Enden mit Dekoband verzieren. Für die Aufhängung des Astes die Ringösen anbringen und die Juteschnur befestigen.

Mein Tipp für Sie

Hier empfiehlt es sich, vor dem Sägen die Sperrholzplatten zusammenzuschrauben und die Motive in einem Vorgang auszusägen. So erhalten Sie genau gleichgroße Blüten und Blätter.

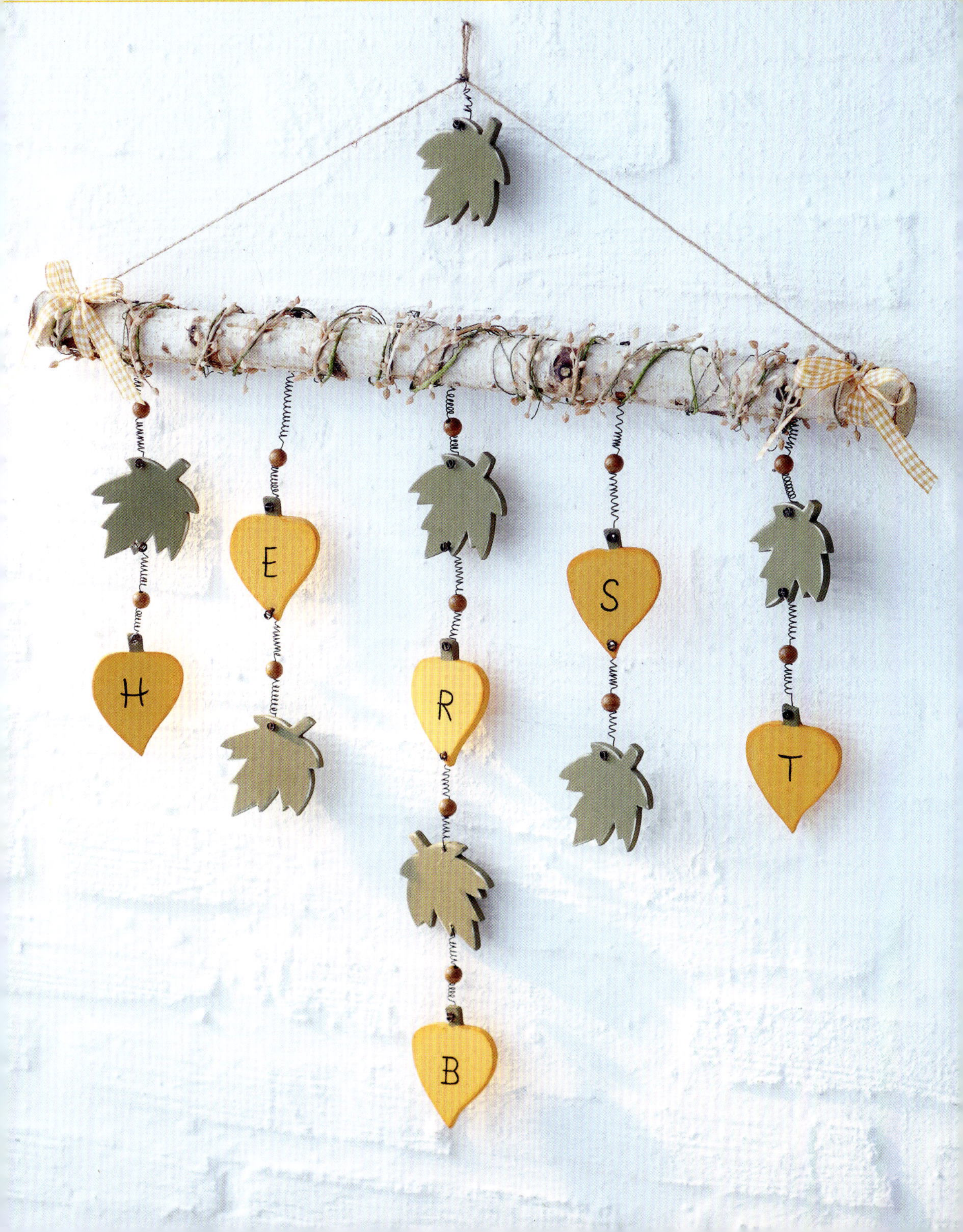
E
S
H
R
T
B

Weihnachtsstern-Girlande

Elegante Dekoration

MOTIVLÄNGE
ca. 1,06 m

MATERIAL
- Sperrholz, 6 mm stark, ca. 24 cm x 30 cm
- Sperrholz, 1 cm stark, ca. 20 cm x 20 cm
- Acrylfarbe in Weiß, Feuerrot und Gelb
- Pigmentmarker in Schwarz, ø 0,5 mm
- Bindedraht in Silber
- 7 geriffelte ovale Perlen in Silber, 18 mm x 11 mm
- 14 Perlen in Silber, ø 10 mm
- Streuglitter in Weiß
- Mattlack zum Sprühen
- Bohrer, ø 1,5 mm
- Schaschlikspieß

VORLAGE
Bogen 1A

1 Die Vorlagen für drei Blüten auf das 6 mm starke Sperrholz übertragen und aussägen. Zusätzlich insgesamt vier Sterne aus dem 1 cm starken Sperrholz fertigen.

2 Nun die Blüten wie auf dem Foto abgebildet bemalen. Auf die kleineren Blüten werden nach dem Trocknen mithilfe eines Schaschlikspießes gelbe Punkte mittig aufgetupft. Mit dem Pigmentmarker werden die Innenlinien aufgemalt. Die Sterne weiß grundieren und in die noch feuchte Farbe den Glitter aufstreuen. Mit Mattlack nach dem Trocknen fixieren.

3 Im Anschluss die kleineren Blüten nach der Vorlage auf die großen Blüten leimen.

4 Die Bohrungen in den Blüten und Sternen laut Vorlage ausführen. Für die einzelnen Spiralen, den Draht in ca. 30 cm lange Teile schneiden. Nach sieben Windungen die drei Perlen auffädeln und weitere sieben Windungen drehen. Die Drahtendstücke durch die Blüten bzw. Sterne stecken und mit Befestigungsschnecken befestigen. Am oberen Ende der Kette eine Schlaufe für die Aufhängung formen.

Mein Tipp für Sie

Je nach Einsatzzweck und -ort können Sie die Länge der Girlande individuell anpassen.

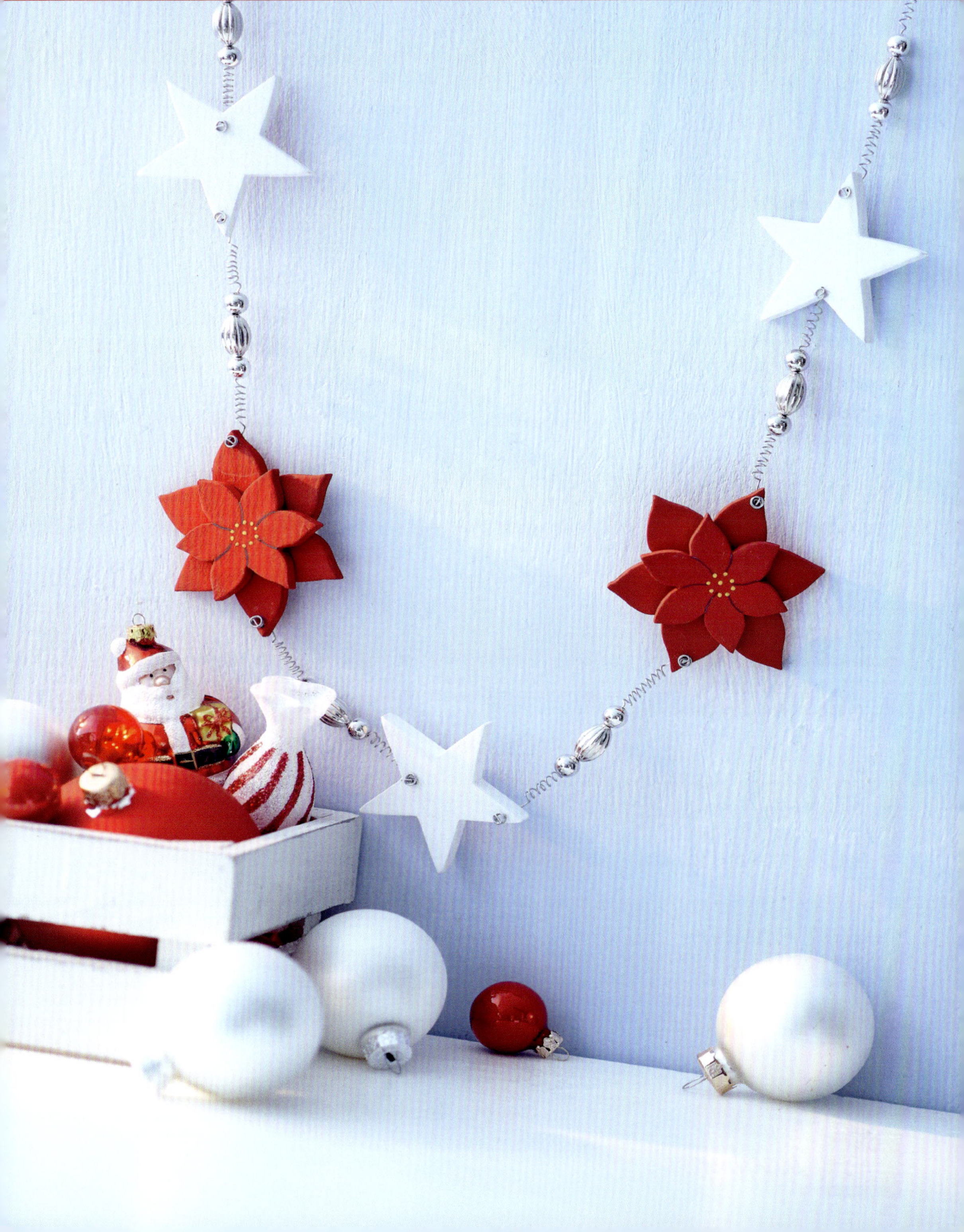

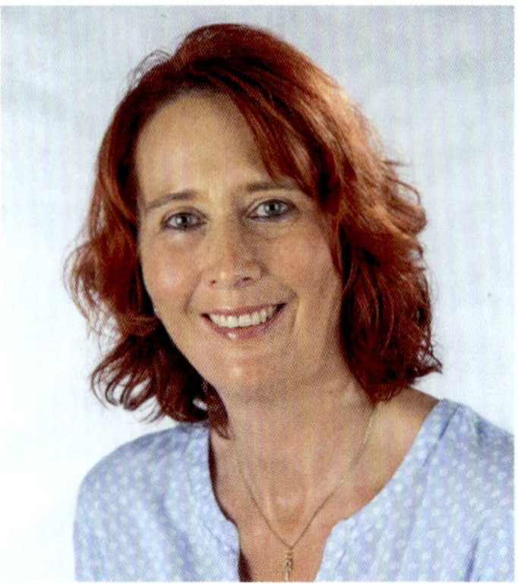

Sabine Jeßberger, entdeckte schon früh ihre Faszination für Kreatives und bastelte mit Papier und Tonkarton Fensterbilder oder stellte Puppen her.
2003 kaufte sie ihre erste Dekupiersäge und entdeckte ihre große Leidenschaft für Holzsägearbeiten. Ihre Arbeiten schmückten bald das ganze Haus und sie begann die detailreichen und liebevoll bemalten Holzarbeiten auf regionalen, kleinen Weihnachtsmärkten zu verkaufen. Seit ihrem Vorruhestand vertreibt sie auf verschiedenen Onlineplattformen sehr erfolgreich ihre Holz-Deko für alle Jahreszeiten, handgemalte Kreideschilder sowie Deko zu verschiedenen Anlässen wie Hochzeiten, Baby und Kind.
www.etsy/Shop/CreativeHolzShop

DANKE!

Herzlichen Dank an die Firmen Rayher und Rico Design für die freundliche Bereitstellung von Materialien.
Auch möchte ich mich bei meiner Familie für die Unterstützung während des Buchprojektes herzlich bedanken.

TOPP – Unsere Servicegarantie

WIR SIND FÜR SIE DA! Bei Fragen zu unserem umfangreichen Programm oder Anregungen freuen wir uns über Ihren Anruf oder Ihre Post. Loben Sie uns, aber scheuen Sie sich auch nicht, Ihre Kritik mitzuteilen – sie hilft uns, ständig besser zu werden.

Bei Fragen zu einzelnen Materialien oder Techniken wenden Sie sich bitte an unseren Kreativservice, Frau Erika Noll.

mail@kreativ-service.info
Telefon 0 50 52 / 91 18 58

Das Produktmanagement erreichen Sie unter:

pm@frechverlag.de
oder:
frechverlag
Produktmanagement
Turbinenstraße 7
70499 Stuttgart
Telefon 07 11 / 8 30 86 68

LERNEN SIE UNS BESSER KENNEN! Fragen Sie Ihren Hobbyfach- oder Buchhändler nach unserem kostenlosen Magazin **Meine kreative Welt**. Darin entdecken Sie zweimal im Jahr die neuesten Kreativtrends und interessantesten Buchneuheiten.

Oder besuchen Sie uns im Internet! Unter **www.topp-kreativ.de** können Sie sich über unser umfangreiches Buchprogramm informieren, unsere Autoren kennenlernen sowie aktuelle Highlights und neue Kreativtechniken entdecken, kurz – die ganze Welt der Kreativität.

Kreativ immer up to date sind Sie mit unserem monatlichen **Newsletter** mit den aktuellsten News aus dem frechverlag, Gratis-Bastelanleitungen und attraktiven Gewinnspielen.

IMPRESSUM

FOTOS: frechverlag GmbH, 70499 Stuttgart; lichtpunkt, Michael Ruder, Stuttgart; Sabine Jeßberger (alle Arbeitsschrittfotos)
PRODUKTMANAGEMENT UND LEKTORAT: Sonja Fakler
COVERGESTALTUNG: Eva Grimme
SATZ: Sandra Preinl
DRUCKEREI: Tiskárna Grafico s.r.o., Tschechische Republik

1. Auflage 2020

ISBN 978-3-7724-4371-8 • Best.-Nr. 4371